L'ÉGLISE CATHÉDRALE

DE

Saint-Sauveur, à Aix,

PAR

Constantin Gaszynski.

AIX,

Imprimerie de Nicot, rue Pont-Moreau, 21. — 1836.

Saint-Sauveur,
à Aix.

L'ÉGLISE CATHÉDRALE

DE

SAINT-SAUVEUR, A AIX,

PAR

CONSTANTIN GASZYNSKI.

> J'aime ton Saint-Sauveur, ses ogives mêlées
> Aux pleins cintres romans, ses portes ciselées,
> Sa tour dont la lumière inonde le sommet.
>
> VICTOR DE LA PRADE.

AIX,

IMPRIMERIE DE NICOT, SUCCESSEUR DE MOURET, RUE PONT-MOREAU, 21.

1836.

L'ÉGLISE CATHÉDRALE

DE

Saint-Sauveur, à Aix.

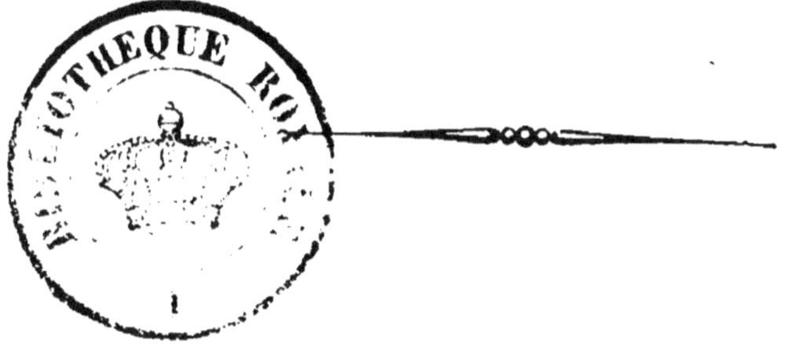

Les temples, quels qu'ils soient, sont les ames des villes,
Sans eux, toute cité n'a que des pierres viles;
Du foyer domestique et du corps des vieillards
Les monumens sacrés sont les derniers remparts;
Puis lorsque sur la terre ils penchent en ruines,
Leurs ruines encor sont des choses divines,
Ce sont des prêtres saints que l'âge use toujours,
Mais qu'il faut honorer jusqu'à leurs derniers jours.

AUGUSTE BARBIER. — *(Il Pianto.)*

DANS notre siècle égoïste et froid, qui n'a d'enthousiasme que pour l'argent ou pour les haines
politiques, lorsque l'ancienne religion s'en va
comme une mère nourricière chassée par ses
enfants ingrats, lorsque les vieilles croyances de

nos ancêtres se détachent de nos cœurs une à une, comme les feuilles touchées par la grêle, il est doux à un jeune homme artiste, qui a conservé encore quelques illusions d'enfance, d'arrêter ses tristes regards sur le clocher d'une vieille Cathédrale, comme sur le phare du port natal, d'où les vagues orageuses l'éloignent sans cesse.

Car ce ne sont pas les pierres qu'il contemple, car il n'y vient pas pour mesurer les dalles et les piliers, pour déchiffrer une inscription à moitié effacée par le temps, pour voir quel effet produit le rayon de soleil passant par un vitrage colorié, ou d'entendre comment les sons de l'orgue se brisent sous les voûtes en ogives. — Pour son cœur de chrétien, pour son imagination de poète, cet édifice a de la vie, ces murailles ont des échos sonores qui lui racontent les merveilles de ces siècles de foi, de chevalerie et d'amour, qui ont vu leur construction, et les pierres drapées de souvenirs se dressent devant lui, se meuvent et respirent, comme la statue de Galathée, sous le soufle ardent de Pygmalion.

Une Cathédrale du moyen-âge, c'est une chronique aux pages de marbre plus éloquentes et plus complètes que les récits de Guillaume de Tyr ou de Turpin, ornés de tous les diamans de la poésie du Tasse ou de l'Arioste, c'est un musée où l'archéologue et l'artiste viennent pour s'agenouiller devant les monumens précieux d'un temps, où l'art n'était pas un métier, mais une religion.

Aujourd'hui, dans notre époque de progrès, nous avons des machines à vapeur et des vaudevilles conçus dans un quart d'heure et finis pendant un déjeuner ; nous avons des routes en fer et des assurances pour la vie, du gaz pour l'éclairage et de la science *pittoresque* à deux sous la livraison ; mais nous n'avons plus d'art, car nous n'avons plus de foi ni de patience, car l'appât du gain est au bout de la plume de l'écrivain et du pinceau du peintre, à la pointe du ciseau du sculpteur et de la truelle de l'architecte. Aujourd'hui l'artiste se hâte de produire et ne demande pas ce qu'en dira la postérité ; il compte combien son travail lui rapportera.

Anciennement un peintre faisait un chef-d'œuvre pour un sac de blé (1), un sculpteur mettait en gage tout son avoir et jetait dans la fournaise sa batterie de cuisine et sa vaisselle pour finir la fonte de sa statue (2) ; anciennement, lorsqu'on bâtissait une église, chaque citoyen de la ville déposait en offrande une partie de son bien ; l'or du riche et le denier de la veuve se confondaient comme leurs prières. Les villes voisines et même les pays limitrophes s'associaient à cet-

(1) Andrea del Sarto.
(2) Benvenuto Cellini.

œuvre d'art et de piété, car on ne disait pas alors que l'argent de tel ou tel pays appartenait à lui seul, car, dans ce temps, l'égoïsme était inconnu et les nations de l'Europe ne formaient qu'une grande famille chrétienne.

Cinquante ans se passaient avant qu'on élevât à moitié les murailles de l'édifice solide et gigantesque : la génération future mettait trente années à bâtir un clocher, élancé vers le ciel comme pour en montrer le chemin ; les petits-fils de fondateurs achevaient le portail peuplé de saints et d'anges encaissés dans les niches transparentes et légères comme les nuages.

En ce temps-là les pieux bourgeois, au cœur loyal et charitable, occupés de leurs affaires mondaines, ne demandaient pas avec avidité si les fonds étaient à la hausse ou à la baisse, si tel ou tel article de commerce allait rencherir. Mais, en se rencontrant dans leurs maisons ou sur la place publique, ils s'entretenaient avant tout de la construction du monument qui devait faire la gloire de leur ville, attirer la bénédiction du ciel sur eux et sur leurs enfans.

Chaque pierre ajoutée à la bâtisse marquait un jour dans le calendrier local ; et on disait en parlant des évènemens antérieurs : ceci se passait à l'époque où on a fini la voute de la grande nef ; cela est arrivé le même jour où le sculpteur a achevé le portail !

Un siècle suffisait à peine pour finir l'édifice, mais ce siècle produisait un chef-d'œuvre ; deux générations d'architectes, de sculpteurs et de peintres s'en allaient pauvres, mais fières de leurs ouvrages et consolées dans leur misère, car ces artistes avaient aussi déposé sur l'autel du sacrifice, leur denier, le profit de leurs veilles.

Aujourd'hui c'est le gouvernement ou le conseil municipal qui alloue une maigre somme pour bâtir une maison à Dieu ; un entrepreneur spécule sur l'argent offert au Ciel, un artiste spécule sur son temps et fait vîte pour chercher un nouveau gain ailleurs, car il lui faut une voiture à lui, une loge à l'Opéra et des cachemires à sa femme ; la postérité dira ce qu'elle voudra de son ouvrage, — les créanciers parlent aujourd'hui.

Les architectes modernes, au lieu de produire quelque chose de nouveau, se contentent d'imiter les régulières, mais monotones colonnades grecques ; et, déchirante ironie, on bâtit une église pour le Christ de la même forme et presque dans les mêmes proportions que la Bourse pour les spéculateurs que le Christ chassa de son temple (1) !

L'art divin d'Arnolfo di Lapo, de Brunelleschi, de Giotto et de Michel-Ange, l'architecture est morte aujourd'hui et ne se relevera plus tant

(1) L'église de la Madelaine et la Bourse, deux édifices modernes à Paris.

que l'égoïsme régira le monde, tant que la religion n'aura pas repeuplé les cœurs vides des artistes.

C'est pour cela qu'une vieille Cathédrale nous inspire des sentimens de respect, de piété et d'enthousiasme, et s'entoure à nos yeux d'une divine auréole, comme un être qui n'est plus de ce monde ; c'est pour cela que nous avons pour ces monumens un culte profond, et nous les regardons avec l'admiration et l'amour, comme nous regarderions les Bayard et les Duguesclin, s'ils sortaient de leurs tombeaux avec leurs grands cœurs dans la poitrine et leurs lourdes épées à la main.

L'ÉGLISE de Saint-Sauveur n'est pas un de ces chefs-d'œuvre du moyen-âge dont abondent l'Italie, les villes Rhenanes et la Belgique; elle n'a pas même l'unité et les majestueuses proportions de la Cathédrale de Saint-Maximin, ni la richesse des sculptures, ni la variété des colonnettes dentelées de Saint-Trophime d'Arles, ses deux sœurs du Midi. Mais dans la vieille colonie Sextine, dans l'ancienne cité de René, il n'y a pas de monument plus digne qu'elle d'arrêter les regards du voyageur. Ainsi nous essayerons d'en donner une faible esquisse, heureux si le jeune enthousiasme et l'amour de l'art profondément senti, peuvent remplacer chez nous le savoir, l'érudition et l'expérience.

Aux lieux où s'élevait jadis le temple d'Apollon, lieux marqués jusqu'à présent par les vestiges d'une muraille romaine, le Christianisme avait bâti une chapelle dédiée au Saint-Sauveur. L'église de Notre-Dame de la Seds fut alors la Cathédrale d'Aix, et, sous la protection de ses évêques, spécialement celle de Basile, mort à la fin du cinquième siècle, la petite chapelle du bourg de *San-Sauvairè* s'agrandissait par de nouvelles constructions.

La Provence, sous la domination des rois Mérovingiens, jouissait du bonheur et de la paix, lorsque au commencement du huitième siècle l'invasion des Sarrasins répandit le carnage et la destruction sur les bords pittoresques de la Durance et du Rhône : Avignon, Arles et Aix furent pillées et saccagées. Les arènes d'Arles résistèrent au fer des barbares et servirent même de forteresse et d'asile aux malheureux habitans, mais les monumens et les églises d'Aix tombèrent en ruines, et le croissant des infidèles deploya sa rouge bannière de flammes sur les autels renversés de la croix !

Les victoires de Charles Martel et la puissance de Charlemagne délivrèrent la Provence du joug des barbares ; mais le sang de l'ennemi ne ferme point les plaies d'une cité détruite : il faut du temps pour réparer les douleurs des villes comme pour consoler celles des hommes.

Ce ne fut que vers la fin du onzième siècle, lorsque la Provence jouissait de l'indépendance sous les descendans de Boson, qu'Aix sortit de ses ruines : la petite chapelle de Saint-Sauveur devint Cathédrale de la ville ; Benoît, prévôt du Chapitre, fit construire à ses frais le cloître et une partie de la nef appelée *Corpus Domini*, où l'ancienne chapelle fut incorporée. Cette nef, aux lourdes arcades cintrées, fut achevée en 1275, par les soins de l'archevêque Grimerius. (1)

Mais Aix depuis long-temps était capitale de la Provence ; Charles ii, de la maison d'Anjou, y résidait ; il fallait à la cité une Cathédrale digne de la puissance du souverain, il fallait une page de pierre à l'histoire de son règne.

Charles, qui a fait construire la belle église

(1) Ces détails sont puisés dans les manuscrits de M. Faris de Saint-Vincent, qui se trouvent à la bibliothèque

de Saint-Maximin (1), ordonna l'agrandissement de la Cathédrale d'Aix. Léon Alveringue et Pierre Soquetti, architectes, s'occupèrent de ces travaux, et en l'année 1280 on commença à bâtir le chœur et la grande nef de Notre-Dame.

Les piliers élancés aux riches dentelures se perdirent dans les voûtes en ogives, les longues fenêtres ornées de vitraux coloriés éclairèrent d'une lumière mystique les murs du sanctuaire, le clocher octogone et transparent s'éleva à côté de l'édifice comme la lance à côté du guerrier, et les pierres du portail s'épanouirent en rosaces et en niches ornées de feuillages, de broderies et de statues.

L'église de Saint-Sauveur ne fut complètement achevée que l'an 1484, sous Olivier de Pennard, archevêque, lorsque la Provence formait depuis trois ans un fleuron de plus à la couronne des rois de France. Voilà, en peu de mots, l'abrégé historique de la construction de la Cathédrale d'Aix ; nous allons maintenant en examiner les détails.

(2) Cette église n'a été achevée que sous le règne de René.

La façade de Saint-Sauveur n'a pas assez d'élévation, elle est lourde et sans élégance, mais elle porte sur son front le cachet précieux du quinzième siècle; elle a des dentelures et des arabesques qui rampent sur sa surface comme le chèvre-feuille et le lierre; la large fenêtre qui la perce est entourée d'ornemens gothiques du style le plus pur, et elle était chargée de statues dont quelques-unes représentaient les personnages historiques du temps, entr'autres Louis xi, et Charles iii, comte de Provence.

Mais la main des nouveaux iconoclastes dépouilla les niches de leurs hôtes de pierre : deux statues seulement, celles de la Vierge et de saint Michel, échappèrent à la destruction, et par la pureté des formes et le soin du travail nous font regretter leurs compagnes, qui, victimes innocentes, périrent dans la grande tempête révolutionnaire.

Il y a quelques années, un ouvrier passant se chargea d'exécuter *au rabais* (comme dit M. Rouard dans son élégante notice sur la Bibliothèque d'Aix) les autres statues qui manquaient ; et la façade du quinzième siècle fut profanée par un ciseau digne à peine d'arrondir les pierres de construction.

Le portail a conservé quelques petites figures de saints, belles d'expression et remarquables par le travail de leurs draperies ; quelques débris de feuillages et de grappes de raisins ciselées avec une inconcevable délicatesse ; et au-dessous des têtes d'anges qui forment une guirlande de pierre, un lion, un chien et un singe ; bizarre conception de l'artiste, mais qui peint bien le siècle où les superstitions et les idées les plus absurdes se mêlaient quelquefois aux croyances les plus élevées.

Ce portail a eu aussi le malheur d'être restauré *au rabais.*

Les lacunes d'un poëme d'inspiration furent remplies par la main froide du prosateur qui écrivait à tant la page.

Les portes de la grande nef, en bois de noyer, ornées de sculptures du quinzième siècle, sont un monument précieux et digne d'être examiné par chaque voyageur.

Oh ! si vous voulez voir ce que c'était que la patience des hommes d'autrefois, ce que c'était que le goût et le fini de ce grand siècle de la renaissance, ne passez pas par Aix sans aller admirer les portes de la Cathédrale. Voyez ces niches transparentes que l'on croit faites en fil d'archal, ces feuillages qui semblent remuer au souffle de votre haleine, ces pilastres souples ciselés en arabesques, et ces figurines de femmes à la taille élancée qui regardent de leurs niches, comme les fées du moyen-âge, enchaînées dans leurs grottes bâties par les Gnomes. Et puis demandez comment le ciseau du sculpteur pouvait broder avec tant de délicatesse sur le bois fragile; demandez, en employant le langage d'aujourd'hui, qu'elle somme pouvait dignement récompenser tant de travail et de patience !

D'après une ancienne tradition, ces figures, au nombre de seize, représentent douze sybilles et quatre prophètes; rien ne nous autorise à admettre cette explication, car aucun attribut distinct n'accompagne ces statuettes , et l'idée de l'artiste s'est perdue dès que l'inscription du rouleau qu'elles tiennent en main s'est effacée. Après tout , c'est une question d'antiquaire et non point d'artiste ; ces figures seraient-elles plus belles, si on savait qui elles représentent ?

Le portail qui ouvre le passage de l'ancienne nef du treizième siècle est orné d'une frise antique et de quatre colonnes cannelées , aux chapiteaux grecs (1), que le christianisme a ramassées dans les ruines des temples payens et emplâtrées dans le mur.

En entrant on remarque à droite une basse chapelle voûtée , qui , de l'extérieur, annonce son origine romaine et qui au dedans n'a qu'une petite fenêtre et une niche vide qui renfermait un bas-relief antique représentant l'accouchement de Léda , qui orne depuis quelque temps le pauvre Musée de la ville. Aujourd'hui cette chapelle sert d'entrepôt de chaises, de comptoir à une spéculation mesquine qui n'est en usage en aucun autre pays chrétien.

En poursuivant vos recherches, vous descendrez quelques degrés pour entrer au baptistère dont le dôme est soutenu par huit colonnes romaines , aux chapiteaux d'un beau travail. Il y en a six en marbre et deux en granit, ce qui prouve

(1) Une de ces colonnes , cannelée en spirale , me paraît plus moderne et doit dater seulement du douzième ou treizième siècle.

qu'elles ne pouvaient pas servir toutes (comme dit la tradition) à orner le temple d'Apollon, mais qu'elles ont été prises à différens monumens de l'ancienne colonie de Sextius. Les Romains ne manquaient pas de marbre, et leurs architectes n'auraient pas souffert ce mélange de matériaux, surtout lorsqu'il s'agissait d'un temple. Les Romains étaient plus dévots que nous.

Il est à regretter que l'ancien parvis, chargé d'inscriptions et de sculptures, au lieu d'être restauré, ait été remplacé par les carreaux neufs d'un marbre blanc et noir.

Les hommes d'aujourd'hui ont effacé l'ouvrage des hommes d'autrefois pour le remplacer par le leur, comme ces moines du moyen-âge qui grattaient les manuscrits de Platon et de Cicéron pour y écrire leurs futiles discussions théologiques. La barbarie du dix-huitième siècle a pris sa revanche sur la barbarie du douzième.

Oh ! si les artistes et les archéologues dictaient des lois, il y aurait un article de plus au Code pénal, pour punir ceux qui osent porter une main sacrilége sur les monumens du passé. Les victimes tombées sous le couteau de l'assassin revivent dans leurs enfans ou leurs semblables, et les monumens jetés à bas se perdent pour la postérité, et ne se relèveront plus, même à la voix de celui qui viendra juger leurs destructeurs.

2

Le voyageur qui a vu le Campo-Santo de Pise, ou le cloître de l'abbaye du mont Saint-Michel, ou enfin celui de Saint-Trophime à Arles, ne restera pas long-temps à examiner le cloître de la Cathédrale d'Aix, qui ne peut soutenir aucune comparaison avec ses modèles. Mais celui qui n'a jamais contemplé ces chefs-d'œuvre, consacrera quelques instans à admirer une de ces constructions élégantes du moyen-âge, aux frêles colonnettes, aux chapiteaux si variés et si bizarres ; reminiscences des Croisades et de l'architecture de l'Orient (1).

Il y a encore une chapelle dont je veux parler, c'est celle de saint Mitre, patron de la ville. Elle est placée derrière le maître-autel, et fut construite dans la première moitié du quinzième siècle par Aimon Nicolaï, archevêque, dont elle renferme le tombeau. Le badigeonnage moderne profana sa belle voûte en ogives qui se dessinent en mince filets de pierre, et se perdent dans la rosace du milieu. Le tableau de l'autel représentant le martyre de saint Mitre, raide peinture du quinzième siècle, est curieux plutôt par les détails historiques qu'il offre, que par le mérite de la composition et du coloris. Le

(1) Il serait à désirer que la porte latérale qui ferme l'entrée du cloître, fut ouverte au public ; les amateurs pourraient examiner de plus près les colonettes avec leurs chapiteaux, dont les détails si variés échappent, de loin, à la vue de l'examinateur.

voyageur verra avec plaisir l'aspect de la ville d'Aix telle qu'elle était sous le règne des souverains de la maison d'Anjou, avec son palais des Comtes de Provence flanqué de tours rondes, son clocher de la Cathédrale se dessinant sur l'horizon, et puis en bas, des bourgeois en costume du temps; et aux fenêtres, des bourgeoises curieuses et coquettes regardant le miracle qui s'accomplit; et, à côté du Saint décapité qui est représenté tenant sa tête dans les mains, Jacques de la Roque, fondateur de l'Hôtel-Dieu avec sa femme et ses enfans agenouillés et en prière.

Ce tableau est un *ex voto* de Jacques de la Roque (1), pieux et charitable bourgeois de la ville d'Aix, qui fut enterré dans cette chapelle.

Au-dessus du tableau on a incrusté dans la muraille le tombeau du cinquième ou sixième siècle, sculpté assez bien pour le temps, qui y fut transporté de l'ancienne église de Notre-Dame de la Seds, et qui, d'après la tradition, devait renfermer le corps de saint Mitre. Ce tombeau fut dépouillé et brisé en 93.

En sortant de cette chapelle, vous verrez à

(1) M. Mouan, sous-bibliothécaire de la ville d'Aix, dans sa notice pleine d'érudition sur Jacques de la Roque, dit que le personnage du tableau ne ressemble nullement au portrait authentique de Jacques, que possède l'Hôpital. — J'ai suivi la tradition populaire et l'opinion de M. de Saint-Vincent.

gauche, un simple monument surmonté d'une urne antique, élevé en 1803, à la mémoire du savant Peyresc (mort en 1637), par les soins de M. de Saint-Vincent, et à côté une *crédence* en marbre, ornée d'un bas-relief, représentant une coupe entourée de fleurs, d'épis et de grappes de raisins, fait par Chastel, grand artiste ignoré (mort à l'hôpital des Incurables, à Aix, en 1793), celui-là même à qui la ville doit la belle statue de la vierge, et de deux anges du tabernacle de l'église de Sainte-Madelaine, suaves et poétiques créations du ciseau ! Au-dessus de ce bas-relief, on vous fera voir deux lions de marbre, dévorant des enfans; et le sacristain de l'église, l'homme fort en érudition locale, vous dira qu'ils servaient à orner le trône de René, et que le roi troubadour a fait exécuter cette allégorie en commémoration de ses états de Naples et de Sicile dévorés par ses ennemis. Ce conte se trouve dans presque tous les ouvrages écrits sur Aix, dont les auteurs suivirent, sans doute, la tradition populaire, qui sait quelquefois davantage que les plus savans archéologues. Cependant, s'il est permis à chacun d'exprimer son opinion, je dirai que le travail lourd et grossier de cette sculpture me fait présumer qu'elle était faite avant René. Dans la seconde moitié du quinzième siècle, l'Italie, cette sœur de la Provence, avait déjà produit Lorenzo Ghiberti, Donatello et Verrochio ; et le jeune Buonarroti maniait déjà le ciseau de sa main puissante. Les chefs-d'œuvre de sculpture n'étaient pas rares en Italie et dans les pays voisins ; et le roi René, artiste lui-même, n'aurait pas commandé au premier venu l'exécution d'ornemens pour son trône.

Le maître-autel de l'église est orné de bas-reliefs, dont l'un est de Puget, et les deux autres de Veirier son élève. L'ascension de Madelaine, par Puget, est un beau morceau, plein de grâce et de fraicheur, où l'on reconnaît la touche du grand maître.

La belle pénitente, enveloppée des tresses de ses cheveux comme d'un manteau, rappelle le fameux tableau de Titien, de la galerie de Florence ; et un des anges qui la soutient du côté gauche, est tout un petit poème étincelant de poésie et de sentiment, digne des pages gracieuses de *Loves of angels* de Thomas Moore.

Les deux sculptures de Veirier, de Trets, sont dignes de figurer à côté des ouvrages de l'illustre Marseillais ; l'auréole du maître répandit sa divine clarté sur le front modeste de l'élève. La communion de Madelaine est une composition pleine d'onction et de délicatesse, et rappelle le style du créateur du Saint-Charles de Marseille. La pécheresse de Galilée n'a rien de terrestre dans sa pose d'humiliation et de repentir, et un groupe d'anges suspendu dans les nuages semble un bouquet de roses qui répand un parfum céleste (1).

(1) L'autre bas-relief du maître-autel représente la résurrection de Lazare.

Christophe Veirier est mort (1689) presque dans la misère , et sa réputation n'a pas dépassé les limites de la Provence , et cependant il y avait de la poésie dans cette tête qui a conçu la communion de la Madelaine et le Saint-Jean enfant (1) ; il y avait de la vigueur au bout de ce ciseau , qui changea deux blocs de pierre en deux statues qui se couvrent de poussière sur l'escalier de l'ancien hôtel d'Éguilles , à Aix. Rappelons à ses concitoyens le nom de l'artiste oublié ; donnons une larme à cette fleur odorante , épanouie dans l'ombre , qui est morte privée d'air et de soleil !

Je ne dirais rien des autres sculptures qui se trouvent dans l'église de Saint-Sauveur; d'un grand crucifix, au pied duquel on voit la vierge Marie, saint Maurice guerrier, et sainte Marthe avec son inséparable *Tarasque* : ni de saint Martin à cheval, déchirant son manteau pour en couvrir un mandiant, quoique ce dernier mérite une mention , comme un des ouvrages les plus bizarres et les plus difformes que jamais ait produits le ciseau.

Les boiseries du chœur de la Cathédrale ne nous arrêteront pas non plus, elles n'ont rien de curieux: je ne veux pas cependant passer sous silence le vieux tapis qui les couvre. M. Fauris de Saint-Vincent, ce savant si consciencieux ; cet appréciateur

(1) Ce bas-relief se trouve dans la chapelle placée à côté de celle de Saint-Mitre , qui appartenait à la famille des Martigny, seigneurs de Saint-Jean.

si éclairé des antiquités de sa ville natale, a publié une notice sur ce sujet, et, reproduisant son opinion, nous dirons que ce tapis fait en Angleterre l'an 1511, servait d'ornement dans l'église de Saint-Paul, à Londres, ou dans la Cathédrale de Cantorbery. Ce tapis exécuté d'après les cartons d'un peintre flamand (dont on ne sait pas le nom), représentant l'histoire de la vie de Jésus - Christ et de Marie, est curieux, moins comme objet d'art, que comme monument historique ; car il est marqué des armes royales d'Angleterre et de celles de Cardinal Morton, et de William Warham, archevêque de Cantorbery, et reproduit plusieurs personnages historiques du temps d'Henri VIII. A l'époque de la réforme anglicane il a été emporté sur le continent, et acheté en 1656 pour la cathédrale d'Aix.

Parmi les tableaux de l'église, nous en examinerons quatre des plus beaux :

L'incrédulité de saint Thomas, est une toile de prix, due au pinceau de François Finsonius, peintre flamand, qui, protégé par Peyresc, séjourna longtemps à Aix, et laissa à la Ville plusieurs tableaux, entre autres celui du jugement de Salomon (à l'église de Saint-Jean) et du baptême de Jésus-Christ (à la Madelaine). La figure du Christ du tableau de la Cathédrale est d'une belle conception et d'une grande pureté de dessin ; comme dans tous les ouvrages de bons maîtres, elle attire l'attention du spectateur ; les autres personnages disparaissent dans le fond noir à la Rembrandt, à côté du Christ rayonnant après sa résurrection. Il n'y a rien d'humain dans cette figure ; ce n'est plus le Christ du Jardin-des-Olives, c'est le Christ à la veille de sa transfiguration.

L'adoration de la Vierge est de Gaspard Crayer, contemporain de Rubens, qu'il chercha à imiter, quoique son premier maître fut Raphaël Coxcie. Mais il resta bien loin de Rubens, ce Titien de l'école flamande : il ne put l'égaler ni par la hardiesse du dessin, ni par la vigueur du coloris, quoiqu'il le surpassât peut-être par la quantité des grandes toiles dont il peupla tant d'églises de la Belgique et de la France. La ville d'Aix possède encore (à la Madelaine) un tableau de ce peintre si fécond, qui, pour la composition et le dessin, vaut mieux que celui de la Cathédrale.

Le massacre des Innocents, peinture d'Élieser, flamand, est mon tableau de prédilection. L'idée en est toute poétique ; au pied d'un petit autel de pierre sur lequel repose l'agneau tué, gissent les cadavres des enfans ; le sang de l'agneau, en tombant sur les victimes, leur rend la vie : elles se relèvent et montent au ciel, la couronne et la palme des martyrs dans la main; à mesure qu'elles s'approchent de l'Enfant-Jésus qui est assis sur un trône soutenu par les anges, leurs chairs deviennent plus roses et plus lumineuses, et forment un contraste pittoresque avec les corps livides de celles qui attendent encore la résurrection. L'homme qui a créé et exécuté ce tableau, avait de la poésie et de la religion dans l'ame, et de ce doux pressentiment du ciel qui parfume les ouvrages des artistes croyans.

Il me reste à parler du *Triptyque*, tableau doublement curieux, d'abord comme une bonne peinture du quinzième siècle, puis comme un ouvrage attribué par la tradition au roi René.

Il représente le buisson ardent sur lequel est placée la vierge tenant l'Enfant-Jésus; Moïse gardant ses troupeaux est au bas du buisson, accompagné d'un ange qui lui parle ; sur un des volets on voit le roi René, sur l'autre, Jeanne de Laval sa seconde femme, tous deux agenouillés et entourés, le premier, de trois saints, parmi lesquels on remarque saint Maurice ; la seconde, de trois saintes patronnes, dont une est Marthe.

Ce tableau se trouvait anciennement dans l'église des Grands-Carmes, et, comme dit Pitton (Jean-Scholastique), le naïf historien de la ville d'Aix. « Elle (la vierge) étoit encore ornée d'une très- » belle charpente qui composoit le siége et l'ac- » coudoir de ce prince (le roi René) ; mais les » religieux de ce temps, qui *ont préféré le mo-* » *derne à l'antique*, l'ont abattue !! » Voilà le singulier et funeste goût pour le moderne, qui nous prive d'une boiserie sculptée au quinzième siècle, due, peut-être, au ciseau du même artiste qui a exécuté les portes de la Cathédrale !

Presque chaque habitant d'Aix vous dira que ce tableau a été peint par le roi René, et Millin (auteur du voyage dans le midi de la France) a donné dans le piège et l'attribue aussi à ce prince.

J'avoue que c'est chose incontestable que René se soit occupé de la peinture : l'histoire nous parle d'une perdrix qu'il peignit lorsqu'on lui vint annoncer la triste nouvelle de l'expulsion de son fils (duc de Calabre) du royaume de Naples. Papon rapporte que lorsque René, pendant ses voyages, couchait dans la maison de quelque particulier, il avait coutume d'y laisser en souvenir son portrait dessiné sur le mur, au charbon ou à la craie, avec cette inscription : *Sicelidum regis effigies est ista Renati*; et la bibliothèque d'Aix possède parmi ses manuscrits *les Heures* de ce prince, avec des miniatures et des ornemens enluminés par lui-même. Mais, comme disent très-judicieusement M. Rouard et l'auteur de l'ouvrage *Aix ancien et moderne*, il est incontestable aussi que René n'a jamais peint à l'huile, et même, supposant qu'il connaissait le secret de Van Eyck, nous ne le croyons pas assez habile peintre pour pouvoir exécuter un tableau aussi remarquable pour son temps.

Malgré la raideur du dessin, le triptyque de la

Cathédrale porte le cachet d'un maître distingué, et on y reconnaît le pinceau d'un homme pour lequel la peinture n'était pas un délassement après les peines de l'État, mais bien une passion de sa vie, l'unique objet de ses études.

Rien qu'en examinant le fini scrupuleux des moindres objets de cette peinture, on peut déjà présumer qu'elle appartient à l'école flamande; mais il y a encore d'autres raisons qui nous confirment dans notre opinion.

Le fond de ce tableau forme un paysage : on y voit une campagne riante et variée, ornée d'habitations, de rivières et de villes, vues dans le lointain. Or, le paysage est un genre dû aux flamands : c'est de l'école d'Harlem, fondée par Albert Van Ouwater que sortirent les premiers paysagistes, et Pinturicchio, mort à la fin du quinzième siècle, fut le premier italien qui en essaya l'imitation.

A la même époque-la peinture se releva en Italie, puissante et radieuse comme le soleil à son lever; et les laborieux peintres flamands quittaient leurs marais et leurs digues pour s'inspirer sous le ciel bleu de la Toscane et de Venise, pour admirer les madones de Perugino, les Vénus de Titien et les fresques de Léonard de Vinci. Et il se peut qu'un de ces artistes du nord, retournant de son pélerinage, se soit arrêté à Aix, et ait fait le tableau.

La Cathédrale d'Aix renfermait anciennement les tombeaux d'Alphonse II et de Charles III, comtes de Provence ; d'Olivier de Pennard, et de tant d'autres archevêques : la sacristie était riche de calices d'or, de châsses d'argent et de chasubles brodées de perles et de pierreries. Elle conservait la fameuse rose d'or, donnée en 1244 à Reymond-Béranger IV par le pape Innocent IV, et la boîte précieuse, offerte par René, renfermant les reliques de saint Sébastien : mais tous ces monumens et ces richesses disparurent pendant la révolution de 93.

Voici la fin de cette notice, peut-être trop longue et trop ennuyeuse pour la majorité des lecteurs; sans doute trop courte et pas assez profonde pour les hommes graves qui aiment à étudier le passé dans ses monumens, comme les naturalistes étudient dans les squelettes les animaux dont l'espèce a disparu du globe.

Oh ! ne blâmez pas le jeune artiste, si , pris d'un dégoût amer pour le présent, il s'enfuit dans les ruines du passé, comme ce sauvage de l'Amérique se réfugiant dans les déserts de ses savanes silencieuses, devant le bruit de la civilisation.

Il a étudié les grandes pages des siècles passés ; il a eu dans sa première jeunesse de sublimes rêves de bonheur, et l'espérance à la voix de syrène l'a bercé sur son sein virginal..... — Mais, après, vint l'âge de l'expérience : il a regardé les hommes d'aujourd'hui, et les géans de ses rêves se sont changés en Pygmées ; il a examiné leurs œuvres, et au lieu de la conscience, il n'y a trouvé que de l'intérêt ; c'est alors que le désenchantement le saisit avec son bras de fer, c'est alors que son front rayonnant d'un noble enthousiasme s'est couvert de tristesse, et que dans son jeune cœur, le découragement a pris la place de l'espoir.

Depuis ce temps il a quitté la lice des discussions passionnées qui agitent aujourd'hui la société (inquiète et voguant au hasard , car elle a perdu la foi comme le navire sa boussole), et se réfugiant dans la douce retraite des études , il recommença à vivre avec les hommes qu'il a connus dans les livres, avec les souvenirs qui ont bercé les paisibles années de sa jeunesse.

Bientôt une vision céleste égaya sa solitude , ranima son cœur refroidi; l'art, comme une amante fidèle , vint murmurer à son oreille des paroles de consolation et d'encouragement ; la poésie, la peinture et la sculpture, comme les trois Grâces de l'antiquité, entourèrent de leurs bras la poitrine palpitante de l'artiste, et lui montrant leurs chefs-d'œuvre, lui dirent : « Voilà un enthousiasme » qui n'aura pas de déception ; voilà un amour » qui n'aura pas de changement !! » et il crut à leurs paroles, comme on croit aux larmes d'une mère, qui, après une longue absence, revoit son fils chéri.

Il a vécu depuis, riche de cet amour et de cette croyance, et ses pensées ont été moins sombres, et son cœur moins vide. O douce vision du jeune âge, je te rends grâce : béni soit le jour où tu m'apparus, béni soit le moment où mon cœur a tressailli pour la première fois au son de ta voix enchanteresse !...

C'est sous l'influence de cette Muse du passé, amie de ruines ; c'est sous l'inspiration de l'art enthousiaste que j'ai écrit ces pages, où j'ai jeté dans le moule imparfait les pensées qui ont été beaucoup plus grandes et plus belles, lorsqu'elles remuaient encore dans ma tête, comme autant de Minerves dans la cervelle de Jupiter !

Si j'ai oublié quelques détails, si j'ai risqué quelque opinion qui peut être mise en doute, qu'on le pardonne à un étranger qui n'a pas eu assez de temps pour approfondir l'histoire d'un pays qui n'est pas le sien ;

Si le public accueille avec indulgence cet essai, il s'occupera d'autres travaux et de recherches sur les antiquités de la ville qui depuis trois ans lui donne l'hospitalité, et au sein de laquelle il a trouvé de bienveillantes sympathies, et des amitiés qui lui seront chères pour toujours !